Cinnamoroll × Ethica

シナモロールの『エチカ』

感情に支配されないヒント

朝日文庫

はじめに

17世紀オランダの哲学者スピノザの
著書『エチカ』。
商工業が発達し、生活が豊かになってきた時代。
人々は、喜び、羨望、驚き、悲しみ、
憎しみ、強欲など、さまざまな感情に
ふり回されるようになっていました。

『エチカ』には、
人がポジティブな感情だけではなく、
ネガティブな感情も持ってしまうのは
当たり前で、生きている証拠、
そして感情が大きくなるほど、
行動への影響が大きいと説かれています。

感情のままに暴走して、
自分や他人を傷つけてしまったり、
反対に感情に縛られて、
身動きが取れなくなったことはありませんか。

それぞれの感情が芽生える理由を
知ることができれば、
心が整理されて、ふり回されなくなる。

感情に支配されず上手に付き合って
日々をハッピーで気持ちよく過ごすために。

自分や大切な人の「喜び」や「悲しみ」が
どこからくるのか探しに行きましょう！

KEYWORDS

12 一人ぼっちでは、生きられない。
   互いに影響を与えあって生きている。

14 同じ目標を持つ仲間なら
   ぶつかることがあってもきっと分かり合える。

15 感覚を研ぎすまして、たくさんの喜びを感じとろう。

16 思い込みはトラブルのもと。
   不確かなことは軽々しく口にしないように。

17 「たまたま」はありえない。
   どんなことにもそうなる原因がある。

19 終わってしまった過去も
   これから始まる未来も「いま」につながっている。

20 大好きな人の笑顔を見ると
   ハッピーになれるのはどうしてだろう?

21 ネガティブな気持ちもありのまま受け入れよう。

22 喜びも悲しみも大好きな人となら一緒に分かち合える。

23 キミの愛する人を支えてくれる仲間を
大切にしよう。

24 人の役に立ちたい、誰かに褒められたい。
そんな小さな「野心」を持とう。

25 もっと仲良くなりたいなら待っていないで
どんどん話しかけてみよう。

26 立ち上がるパワーがなくなったら
すこし休んでみよう。

27 相手への愛情が深いほど
それを失ったときの憎しみは大きくなる。

28 怒りや憎しみは、自然な感情。
上手にコントロールできるといいよね。

29 愛情には愛情で、優しさには優しさでお返ししよう。

30 悲しみが積み重なるとそれはやがて
憎しみに変わってしまう。

31 見返りを期待した親切は悲しさやむなしさのもと。

32 ずっと「嫌い」だったものが
突然、「大好き」に変わることだってある。

33 肩書や印象で判断すると、
一番大事なことを見落としてしまう。

34 正解はひとつだけじゃない。
自分のやり方を見つけよう。

36 その悔しさを次に向かうチャンスに変えよう。

37 感情はとても多彩なもの。
   人には人の「喜び」や「悲しみ」がある。

38 感じ方は人それぞれ。
   キミだけの感受性を大事にしよう。

39 喜びと欲望が行動を起こすきっかけ、
   エネルギーになる。

40 本物の「驚き」は人生が一変するような
   未知の力を秘めている。

41 人を馬鹿にする気持ち。その原因は何だろう。

42 「希望」には恐れや不安がつきもの。

43 不安なときは、結果を考えすぎず、
   目の前のことに集中しよう。

44 昨日の失敗や明日の不安はひとまず忘れて
   休日を楽しまなくちゃ。

45 人を好きになるのに理由は必要ない。
   でも、冷静さも忘れずに。

46 ハードルが高いほど、乗り越えたときの感動は大きい。

48 苦手な相手こそ感情に左右されず
   偏見ぬきで見極めよう。

49 相手が寄せてくれる同情の気持ちは
   素直に受け止めよう。

50 満足感は、他人から与えられるものではなく
   自分でつくりだすもの。

51 自分の力を過信しすぎないこと。謙虚さを忘れずに。

52 だいじょうぶ。
自分が思っているほどそんなに悪くはない。

53 向上心を持ち続けるためには、
周りの評価を気にすることもときには必要。

54 想いが募るほど、独り占めしたくなる。

55 一緒に刺激を与え合う最高のライバルを見つけよう。

56 感謝の気持ち、誠意を伝えたいときは、
言葉や態度で表そう。

57 腹が立っても「やられたらやり返す」では
何も解決しない。

59 「いま」を変えたいなら、
リスクを恐れずに突き進む勇気を持とう。

60 認められたいと思いすぎると敵をつくってしまう。

61 元気が足りないときは
ちょっと贅沢をしておいしいものを食べよう。

63 何が大切なものか、本当に好きなことか。
自分自身と向き合おう。

64 悲しみは大きな喜びで包み込んで忘れてしまおう。

65 未来の自分へたくさん投資しよう。

66 平凡な毎日を変えたいなら
新しいことにチャレンジしてみよう。

67 他人のためではなくて、
自分のために「本気」になろう。

68 考え方や価値観を共有できる人は、
強い味方になってくれる。

69 マイナスの感情は相手にも伝わってしまう。

70 いろいろなタイプ、レベルの人と交わることで
キミの真の能力が見えてくる。

72 迷ったときは、
みんなが喜ぶもの、幸せになる方法を選ぼう。

73 喜びや幸せは独占しないで、みんなで分かち合おう。

74 身体と心はつながっている。
心が疲れているときは身体を動かしてみよう。

75 たまには自然のなかでリフレッシュしよう。
元気がわいてくるよ。

76 お菓子の食べ過ぎやショッピング三昧は要注意。
ほどほどを心がけよう。

78 お互いに助け合って、少しずつゆずり合えたら、
みんなが暮らしやすくなる。

79 コントロールのきかない愛情や
欲望は人を傷つけてしまう。

80 どんな理由があっても、
人を憎むことは「正義」だなんて言えない。

81 憎しみや怒りは、愛と優しさで包み込む。
そんな人が「強い人」。

82 困難なときこそ、余計なことを考えずに、
できることをすぐに実行しよう。

83 運よく手にした「勝ち」より
　　努力して手にした「勝ち」のほうが嬉しい。

84 自分を大切にするように他人も大切にしよう。

85 自分で自分の能力に制限をかけない。
　　得意なことはアピールしよう。

86 自信を持って決断すれば
　　どんな結果になっても後悔はしないはず。

87 「自分のことは、自分が一番分かっている」
　　とはかぎらない。

88 都合のいい環境にいると「裸の王様」になってしまう。
　　厳しい言葉にも耳を傾けよう。

89 正しく「欲張り」になろう。
　　欲望は夢を叶えるパワーになる。

90 いま、目の前にある小さな出来事が
　　大きな幸せにつながるかもしれない。

91 自分の頭で考えて、
　　善悪の判断がきちんとできる人になろう。

92 「どう生きるか」に集中すれば、
　　「死」の恐怖から自由になれる。

93 本心を抑えて行動するのはやめよう。
　　自分の心に誠実になろう。

95 固い絆で結ばれた友だちや仲間に感謝しよう。

96 幅広い知識や教養は人生のあらゆる場面で武器になる。
つねに、学び続けよう。

97 学ぶことの楽しさに目覚めると、
毎日がもっと豊かになる。

99 周りにふり回されず、自分の中心に軸を持とう。

100 誘惑を遠ざけて、役に立つもの、
良いものは積極的に取り入れよう。

101 憎しみや妬みの感情に支配されているかぎり、
ずっと平行線のまま。

102 人の気持ちを変えるのは、相手を愛し、受け入れる心。

103 小さな世界から飛び出して、いろいろな人とつながろう。

104 人間関係に正解はない。
誰とでも、ていねいに付き合おう。

105 毎日を清々しく過ごすための三つの心がまえ。

106 みんなで力を合わせれば
大きな変化を起こすことができる。

108 表面上の付き合いは心がすり減るだけ。
一人でいるのも悪くない。

109 相手の事情を考えない「正しさ」の押しつけは、
自信のなさの裏返し。

110 憧れの人と仲良くしたいなら、
尊敬の気持ちをストレートに伝えよう。

111 いつも全力を発揮できるように、
身体の調子を整えよう。

112 お金では幸せは買えない。
お金にふり回されず、うまく付き合おう。

113 普段はムダ使いに注意して
必要なときには迷わず使う。お金と賢く向き合おう。

114 根拠のない迷信や噂にまどわされないで。
真実は自分で見極めよう。

115 モヤモヤした気持ちはどこからやってくるのかな？

117 怒りや不安、焦りの原因からはできるだけ離れること。

118 マイナスな感情も受け止めて、きちんと理解してみよう。

119 現実から目をそむけないで。
結果を受け入れると、次に進む道が見えてくる。

120 過去の悲しみや苦しみを克服する力をみんな持っている。

121 たくさんの人を笑顔にできたら、
もっと大きな喜びになる。

122 感情が爆発しそうになったらゆっくり深呼吸してみよう。

123 ずっと苦手だったことも原因をひとつずつ解決すれば、
いつか克服できる。

124 大切な人の記憶はいつまでも残り続ける。
ずっと忘れずにいよう。

125 健康な身体があれば、心も元気でいられる。

126 一度きりの人生。思いきり"生"を楽しもう。

一人ぼっちでは、
生きられない。
互いに影響を与えあって
生きている。

どんなに強くて賢い人でも、自分の意志だ
けを貫き続けることはできない。周囲の人
や環境の変化などに、知らず知らずのうち
に影響を受けているんだ。

意志は自由原因ではなくて、必然的な原因としか呼ぶことができ
ない。『第一部 定理三二』

同じ目標を持つ仲間なら
ぶつかることがあっても
きっと分かり合える。

チームで活動していると、意見がぶつかることもある。でも、もともとは共通の目的を持って集まった者同士。あきらめずに話し合い、お互いの意見を尊重すれば、何事もやり遂げられるはずだよ。

たがいに共通なものをもたないものは、たがいに他の原因となることができない。『第一部　定理三』

感覚を研ぎすまして、
たくさんの喜びを
感じとろう。

視覚や聴覚、嗅覚や味覚、触覚など、身体にはさまざまな感覚が備わっている。それぞれの感覚を使って、物事を深く理解して、新しい発見や喜びを見つけよう。

人間精神は、きわめて多くのものを知覚するのに適している。そしてその能力は、身体がより多くの仕方で影響されるにつれて、それだけ大きくなる。『第二部　定理一四』

思い込みはトラブルのもと。
不確かなことは
軽々しく口にしないように。

親切心で教えた情報が実は偽りで、相手に迷惑をかけてしまい、信頼関係にヒビが入ってしまうことだってある。人に伝えるときは、真実かどうか十分に注意しようね。

虚偽とは、非十全あるいはそこなわれた、混乱した観念がふくむ認識の欠乏のことである。『第二部　定理三五』

「たまたま」はありえない。
どんなことにも
そうなる原因がある。

賢い人は予想外のことが起きても、「偶然」と思わず、「起きるべくして起きた」と考える。なぜその結果になったのか、原因は何かを考える。そうやって考えたこと、学んだことが、経験や知識になっていくんだ。

理性の本性は、ものを偶然的なものとしてでなく、必然的なものとして観想することである。『第二部　定理四四』

終わってしまった過去も
これから始まる未来も
「いま」につながっている。

昔のことなのに、思い出すだけで嬉しくなったり、まだ起きていないことを想像して、悲しくなったり。そういう気持ちにふり回されず、目の前の「いま」を大事に過ごそう。

過去あるいは未来のものの像によっても、現在のものの像からうけるのと同じような喜びや悲しみの感情に動かされる。『第三部　定理一八』

大好きな人の笑顔を見ると
ハッピーになれるのは
どうしてだろう？

大好きな人が悲しんでいる姿を見ると、胸が苦しくなる。きっとそれは、相手がいまどんな気持ちなのか、想像力をフル回転させているからなんだ。

自分の愛するものが否定されることを想像する人は、悲しみを感じるであろう。ところがもし愛するものが保護されているのを想像するならば、喜びを感じるであろう。『第三部　定理一九』

ネガティブな気持ちも
ありのまま受け入れよう。

苦手な人が非難されていると、少しだけ喜びを感じてしまう。その感情は「自分を抑えつけているものから逃れたい」という自然な気持ちの表れなんだ。

自分の憎んでいるものが否定されることを想像する人は、喜びを感じるであろう。『第三部　定理二〇』

喜びも悲しみも
大好きな人となら
一緒に分かち合える。

愛し合っている二人なら、幸せは倍増するし、不幸は半分に分け合える。相手を大事にする気持ちが強いほど、どんなときも一緒にいたいと思えるんだね。

自分の愛するものが、喜びあるいは悲しみに動かされていることを想像する人は、また喜びや悲しみに動かされる。『第三部 定理二一』

キミの愛する人を
支えてくれる仲間を
大切にしよう。

大切な人の仲間や味方は、自分にとってもかけがえのない存在。反対に、愛する人を傷つけるような人に対しては、自然と憎しみを抱いてしまう。

もしある人が、われわれの愛するものに喜びを与えていると想像するならば、われわれはその人を愛するように動かされるであろう。『第三部 定理二二』

人の役に立ちたい、
誰かに褒められたい。
そんな小さな「野心」を持とう。

自分のためにはやる気がおきなくても、誰かに喜んでもらえるならがんばれる。褒められたい、人気者になりたい。そんな小さな「野心」で周りの人をハッピーにしよう。

人々が喜んで見てくれると想像されるあらゆることを、われわれもみずからなそうと努力するであろう。『第三部　定理二九』

もっと仲良くなりたいなら
待っていないで
どんどん話しかけてみよう。

誰でも他人から信頼されたり、好かれたりすると、その気持ちに応えたくなるもの。気になる人と仲良くなりたいと思うなら、まずは自分からアプローチしてみよう。

愛するものがより大きな感情でわれわれにたいして心を動かしていると想像すればするほど、われわれは大きな誇りを感ずるであろう。『第三部　定理三四』

立ち上がるパワーが
なくなったら
すこし休んでみよう。

ダメージが大きいほど、心の傷を癒すには時間が必要。しっかりエネルギーがたまるまで、いっぱい好きなことをして心の充電をしようね。

悲しみや喜びのために、あるいは憎しみや愛のために生ずる欲望は、それによる動揺が大きければ大きいだけ、また強いものになる。『第三部　定理三七』

相手への愛情が深いほど
それを失ったときの
憎しみは大きくなる。

一度の裏切りで魔法がとけたように気持ちが冷めてしまう……。一緒に過ごした時間が濃いほど、相手が遠く感じるし、憎しみでいっぱいになってしまうんだ。

もしだれかが自分の愛しているものを憎みはじめ、その結果、愛がまったく消え失せてしまうならば、（略）その憎しみは、その愛が以前大きかったとすれば、それだけまた大きくなるであろう。
『第三部　定理三八』

怒りや憎しみは、自然な感情。
上手にコントロール
できるといいよね。

邪魔をしたり、嫌なことをしたりする人を憎らしく思うのは、みんな同じ。でも「やり返す」のはよくないよ。マイナスの感情を、うまくコントロールする方法を探そう。

人に憎しみをもつものは、自分の憎むものに禍をもたらすために、（略）憎むものに不幸をもたらすようにつとめるであろう。『第三部　定理三九』

愛情には愛情で、優しさには優しさでお返ししよう。

損得を考えず、相手のためだけを考えて親切ができる人って、素晴らしい。みんなが親切のお返しを続けたら、素敵だね。

他のものから愛されていると想像し、しかも自分にはそのようにされる原因が何もないと信じているならば、彼はその人を逆に愛するであろう。『第三部　定理四一』

悲しみが積み重なると
それはやがて
憎しみに変わってしまう。

特に理由やきっかけもないのに、一方的に冷たい態度をとられると悲しいよね。そして、少しずつ憎しみに変わってしまう。行き違いを感じたら、早めに話し合おう。

自分がそのように他人から憎しみをうけるいかなる原因でもないと信じるものは、かえってその人に憎しみをいだくであろう。『第三部 定理四〇』

見返りを期待した親切は
悲しさやむなしさのもと。

他人から感謝されたい、評価されたい。そんな見返りを求めて「親切」をしたのに、相手からまったく感謝されないと悲しくなる。本当の親切は、損得なんて考えないでするものだよ。

愛や虚栄心への望みに動かされて、人に親切をなしたものは、もしその親切が恩義を感ずる気持もなくうけとられるのを知ると、悲しみを感じるであろう。『第三部　定理四二』

ずっと「嫌い」だったものが
突然、「大好き」に
変わることだってある。

怖いと思っていた人や嫌いなことも、ちょっとしたきっかけで印象が180度変わるかもしれないよ。優しさに触れたり、意外な一面に気づいたり。その一瞬を見逃さないようにね。

愛によって完全に克服された憎しみは、愛に変わる。『第三部 定理四四』

肩書や印象で判断すると、
一番大事なことを
見落としてしまう。

その人の属性や地位だけにとらわれていると、見失うものがある。同じような立場でも違う考えを持っているはず。先入観で決めつけないで、一人ずつと話し合おうね。

喜びあるいは悲しみの原因として、階級や人種という普遍的な名称のもとで考えらえるものを意識するならば、(略) すべてをも、愛しあるいは憎むであろう。『第三部　定理四六』

正解はひとつだけじゃない。
自分のやり方を
見つけよう。

同じことでも、簡単にこなす人と難しく感じてしまう人がいる。肝心なのはスピードではなくて目標を達成すること。他人と比較しないで、自分のペースで一歩ずつ前進しよう。

異なる人間は同一の対象によって別々に動かされうるし、また同一の人間は同一の対象によって異なるときに異なる仕方で動かされうる。『第三部　定理五一』

その悔しさを次に向かう
チャンスに変えよう。

がんばっているのに、計画通りにいかないと無力感に襲われる。やり方は合っていた？ ちゃんと準備できていた？ きちんと反省したらウジウジ考えず、次の道に進もう。

精神は自分の無力を想像するとき、まさにそのために悲しみを感じる。『第三部　定理五五』

感情はとても多彩なもの。
人には人の
「喜び」や「悲しみ」がある。

喜び、悲しみ、欲望の原因は、百人いれば百通りある。何に喜びを感じるか、悲しみを感じるかは人それぞれ。他人の気持ちを自分の物差しだけで測らないようにしよう。

喜び、悲しみ、そして欲望、(略)心の迷いのようなすべての感情も、(略) われわれが動かされる対象の種類に匹敵するほど多くの種類が存在する。『第三部　定理五六』

感じ方は人それぞれ。
キミだけの感受性を
大事にしよう。

同じ出来事や風景を見ても、楽しく感じる人もいれば、寂しく感じる人もいる。どう感じるかは、その人の個性みたいなもの。他人との違いを尊重し合おう。

いかなる個人の感情でも、他の個人の感情とはけっして一致しない。『第三部　定理五七』

喜びと欲望が
行動を起こすきっかけ、
エネルギーになる。

楽しいことや欲しいもののためなら、やっかいなことでも乗り越えようと行動できる。難しい仕事が舞い込んだときは、それを乗り越えたとき、自分の喜びや欲望を満たしてくれるご褒美を用意するのもいいかも。

はたらきをなすかぎりの精神に関係する感情はすべて、喜びかあるいは欲望に関係する感情だけである。『第三部　定理五九』

本物の「驚き」は
人生が一変するような
未知の力を秘めている。

いままでの経験や知識では理解できない
ことに直面すると、頭が真っ白になったり、
価値観が一変したりする。それくらい本当
の「驚き」にはパワーがあるんだ。

驚きとは、精神がそれにとらわれると動けないように呪縛されて
しまうような想像である。『第三部　諸感情の定義四』

人を馬鹿にする気持ち。
その原因は何だろう。

元々、あまり好きではない人の嫌な一面を発見すると、さらに無意識に相手を軽蔑してしまう。そんな感情を積み重ねても、自分のためにはならない。マイナスな一面しか見ようとしないから、ますます相手のことを嫌ってしまうようになるんだよ。

嘲りとは、われわれの軽蔑しているあるものがわれわれの憎むものの中にあることを、想像することから生ずる喜びである。『第三部　諸感情の定義——』

「希望」には
恐れや不安がつきもの。

将来の夢や理想の姿を想像するのは楽しいし、ワクワクするよね。でもその一方で、過去の失敗体験が頭をよぎって、不安にもなる。でも、そう感じるのはキミだけじゃない。キミの夢が叶うように、一日一日を充実させよう。

希望とは、不安定な喜びである。『第三部 諸感情の定義一二』

不安なときは、
結果を考えすぎず、
目の前のことに集中しよう。

責任のある仕事や経験したことがないことを前にすると、自信が持てなくて怖くなる。そんなときは、目の前のことだけに専念しよう。気づけば着実にゴールへ近づいているはずだよ。

恐れとは、不安定な悲しみである。『第三部 諸感情の定義 一三』

昨日の失敗や明日の不安は
ひとまず忘れて
休日を楽しまなくちゃ。

せっかくの日曜日なのに、先週のミスを引きずって、明日からのことを思い悩んで憂鬱になるなんてもったいない。好きなことをして、心からリラックスしよう。

やすらぎとは、ある喜びである。『第三部　諸感情の定義一四』

人を好きになるのに
理由は必要ない。
でも、冷静さも忘れずに。

普段は外見から性格まで細かくチェックするのに、恋に落ちると実際の姿よりもずっとよく見えてしまう。周りの忠告に耳を傾けて、冷静に観察する余裕を持とうね。

買いかぶりとは、他のものについて、愛のために正当以上に値ぶみすることである。『第三部　諸感情の定義二一』

ハードルが高いほど、乗り越えたときの感動は大きい。

「絶対にできない」と思えることでも、やってみなければ分からない。試行錯誤し、他人のアドバイスを聞くうちに、突破口が見えるかも。乗り越えた先には、大きな喜びと感動が待っているはずだよ。

<small>歓喜とは、恐れをのりこえて実現した、過去のものの観念をともなった喜びである。『第三部 諸感情の定義一六』</small>

苦手な相手こそ
感情に左右されず
偏見ぬきで見極めよう。

苦手な相手のことは低く評価しがち。でも、仕事は別だと考えよう。性格や人柄だけで決めつけず、その人の能力や経験値そのものを判断しよう。

見くびりとは、他のものについて、憎しみのために正当以下に値ぶみすることである。『第三部　諸感情の定義二二』

相手が寄せてくれる
同情の気持ちは
素直に受け止めよう。

辛い思いをしているときは、恋人や友人に話をしたくなる。でも、あまりに先回りして共感されると自分の気持ちが理解されているか、疑ってしまうこともある。でも話を聞いてくれることに感謝しよう。

同情とは、他人の幸せを見ては喜び、また反対に他人の禍を見ては悲しみにつつまれるように人が動かされる場合の、愛である。
『第三部　諸感情の定義二四』

満足感は、他人から
与えられるものではなく
自分でつくりだすもの。

他人から一方的に与えられたものより、自分で苦労してやっと手に入れたもののほうがずっと嬉しいはずだよ。自分の頭で考えて、実行したことが結果にもつながる。

満足とは、人が自分自身や自分の活動力を観想することから生ずる喜びである。『第三部 諸感情の定義二五』

自分の力を
過信しすぎないこと。
謙虚さを忘れずに。

物事が順調に進みだすと傲慢になって、人の反感を受けやすくなる。うまくいっているときこそ慎重に。それをいつも忘れないで、いつも心がけて。

傲慢とは、自分への愛のために正当以上に自分について値ぶみすることである。『第三部　諸感情の定義二八』

だいじょうぶ。
自分が思っているほど
そんなに悪くはない。

トラブルが続くと、すべて自分のせいに思えて、卑下したり、冷静さを失ってしまいがち。あまり自分を責めすぎないで、周りの人にはどう見えているのか聞いてみるといいよ。

自卑とは、自分について、悲しみのために正当以下に値ぶみすることである。『第三部　諸感情の定義二九』

向上心を持ち続けるためには、周りの評価を気にすることもときには必要。

担当した仕事や時間をかけて完成させた作品が、評価されたり、誰かを感動させたら誇らしいよね。周りに認められたときの喜びは、向上心を継続させる力もあるんだ。

名誉（虚栄）とは、ある喜びである。すなわち、だれかが称讃してくれるだろうと想像されるような行為の観念をともなう喜びである。『第三部　諸感情の定義三〇』

想いが募るほど、
独り占めしたくなる。

大好きな人への想いが募ると、初めは一緒にいるだけで楽しかったのに、次第に自分だけのものにしたくなる。でも、一方的な気持ちの押しつけは、相手を困らせてしまうから注意して。

思慕とは、あるものを自分のものにしようとする欲望あるいは衝動である。『第三部　諸感情の定義三二』

一緒に刺激を与え合う
最高のライバルを見つけよう。

大きな目標に向かうとき、ひとりで奮闘するよりも、同じ目標を持つライバルがいたほうが心強い。一人だとつい怠けてしまうけど、ライバルがいれば「負けないぞ」といつも競争心を持ってがんばれるよ。

<small>競争心とは、あるものにたいする欲望である。『第三部　諸感情の定義三三』</small>

感謝の気持ち、
誠意を伝えたいときは、
言葉や態度で表そう。

家族や友人、仕事仲間。周りにはキミのことを気にかけてくれている人がたくさんいる。親切を当たり前なんて思わないで、感謝の気持ちをきちんと伝えようね。

謝意あるいは感謝とは、われわれのためにひとしく愛の感情をもって尽力してくれた人にたいして親切をしようとする、欲望あるいは愛の熱意である。『第三部 諸感情の定義三四』

腹が立っても
「やられたらやり返す」では
何も解決しない。

怒りにとらわれると相手が憎くて、仕返ししたくなる。でもそれをやったら、嫌いな相手と同じだよ。悔しくてもぐっと我慢。負のスパイラルを断ち切ろう。

怒りとは、憎しみのために、われわれの憎むものにたいして禍をおよぼすように駆りたてる、欲望である。『第三部　諸感情の定義三六』

「いま」を変えたいなら、
リスクを恐れずに
突き進む勇気を持とう。

大きなことを成し遂げたいと思うなら、安全な環境から飛び出してみよう。ハードな環境に身を置くことで成長できるし、リスクをとった分だけ、得られるものも大きくなるはず。

勇敢とは、自分の同輩が突進するのをためらっているようなことを、危険をおかしてもなすように駆りたてる欲望である。『第三部　諸感情の定義四〇』

認められたいと思いすぎると敵をつくってしまう。

大きな夢や野望をもつことは素晴らしいこと。でも、「自分さえよければいい」そんな傲慢な態度をしていないか、ふり返ることも忘れないで。自分本位な人からは、人は離れていってしまうよ。

野心（名誉心）とは、名声をもとめるあまり、節度を失った欲望である。『第三部　諸感情の定義四四』

元気が足りないときは
ちょっと贅沢をして
おいしいものを食べよう。

忙しくて空腹を満たすだけの食事が続くのは味気ない。たまには思いきってランチでプチ贅沢はどう？　本当においしいものは心も体も元気にしてくれるよ。

貪食とは、美食にたいする節度を欠いた欲望であり、あるいはまたそのような愛である。『第三部　諸感情の定義四五』

何が大切なものか、
本当に好きなことか。
自分自身と向き合おう。

たくさんのものや情報に囲まれていると、
何が本当に必要なのか分からなくなってし
まう。他人の意見に惑わされず、自分のな
かから答えを探そう。大事なことが見えて
くるはずだよ。

各個人は、自分で善とか悪とか判断するものを、各自の本性の
法則に従って必然的に努力してもとめ、あるいは拒む。『第四部
　定理一九』

悲しみは
大きな喜びで包み込んで
忘れてしまおう。

過去の辛い経験や悲しい思い出は、それを覆い尽くすほどの大きな喜びでしか消すことはできない。そのためにも前を向いて、楽しいこと、嬉しいことをたくさん見つけようね。

感情は、それと反対の、しかもその感情よりもっと強力な感情によらなければ抑えることも除去することもできない。『第四部 定理七』

未来の自分へ
たくさん投資しよう。

素敵な未来になるように、資格や語学の勉強、習い事に挑戦してみよう。仕事やプライベートなど、さまざまな場面、思わぬところであなたの価値を高めてくれるはず。

各個人が各自の利益を追求すればするだけ、いいかえれば、各自の存在を維持しようと努力し、しかもそれが可能であればあるだけ、彼は大きな徳に恵まれている。『第四部 定理二〇』

平凡な毎日を変えたいなら新しいことにチャレンジしてみよう。

「家と会社の往復で、物足りない」。そんな愚痴を言っていても始まらない。習い事の体験レッスンに行ってみたり、公園でジョギングしてみたり、新しいことに挑戦しよう。嬉しい発見や出会いがあるかも。

だれも、同時に存在し、活動し、生きようと欲しないなら、(略)善く行動しそして善く生活することを欲することができない。『第四部 定理二一』

他人のためではなくて、
自分のために
「本気」になろう。

誰かに命令されたから、無理に頼まれた仕事だからと、嫌々やっても辛いし身にならないよね。「絶対に自分のためになる」と思って本気で動くことができれば、必ず得るものがあるはずだよ。

だれも、他のもののために自分の存在を維持しようと努力するものはいない。『第四部　定理二五』

考え方や価値観を
共有できる人は、
強い味方になってくれる。

新しいことに挑戦しようとするとき、賛同して背中を押してくれる人もいれば、反対して足を引っ張る人もいる。環境や生き方が違っても、同じ価値観を共有できる、そんな友人は一生の宝ものだよ。

あるものがわれわれの本性と一致しているならば、それだけでそのものは必然的に善である。『第四部　定理三一』

マイナスの感情は
相手にも伝わってしまう。

憎しみや悲しみなどマイナスの感情を抱えたまま相手に接していると、その感情は相手に伝染してしまう。行き過ぎた感情は意識してコントロールする。そうすれば少しずつ関係がよくなるはずだよ。

人間が受動感情に動かされているかぎり、彼らはたがいに対立的でありうる。『第四部　定理三四』

いろいろなタイプ、
レベルの人と交わることで
キミの真の能力が見えてくる。

習い事をするなら、いろんなレベルの人と
一緒に練習してみよう。他人と比較するこ
とで、自分がどの段階にいるのか分かるし、
上達する方法をつかめるかもしれないよ。

人間が自分の存在を継続しようとする力には限界があり、同時に
その力は外部の原因の力によって無限に凌駕されている。『第四
部　定理三』

迷ったときは、
みんなが喜ぶもの、
幸せになる方法を選ぼう。

二つのうちどちらを選ぶか判断に迷ったら、みんなのためになるほうを選ぼう。自分だけが得するものより、多くの人の役に立つもののほうがきっと価値があるはず。

徳を追求するものにとって、もっとも善いものは、すべての人にとっても共通であり、しかもすべての人が、ひとしく楽しむことができるものである。『第四部　定理三六』

喜びや幸せは
独占しないで、
みんなで分かち合おう。

尊敬される人は、喜びや幸福を独り占めしない。「自分さえよければいい」なんて思わず、他人の幸せも願うことができるんだ。そんな素敵な大人になりたいね。

徳を追求するものは、各自自分のためにつとめてもとめる善を、自分以外の人のためにも欲するであろう。『第四部 定理三七』

身体と心はつながっている。
心が疲れているときは
身体を動かしてみよう。

忙しすぎると、イライラして、後ろ向きになりがち。心が疲れているときこそ積極的に、運動やストレッチ、散歩をしてみよう。身体も気分もすっきりするはずだよ。
人間の身体が多くの仕方で刺激されるようにするもの、(略)それは人間にとって有益である。『第四部　定理三八』

たまには自然のなかで
リフレッシュしよう。
元気がわいてくるよ。

次の休日はちょっと早起きをして、山や海に出かけてみない？ 気持ちいい日差しとさわやかな空気のなかにいると、身も心も軽くなって、とっても爽快。小さな悩みごとなんて吹き飛んでしまうよ。

爽快は、過度になることはなく、常に善である。『第四部　定理四二』

お菓子の食べ過ぎや
ショッピング三昧は要注意。
ほどほどを心がけよう。

食べたいだけお菓子を食べたり、欲しいだけ買い物をしたり。もっと快感を味わいたいと気持ちにブレーキがかからなくなり「依存症」になってしまうことも。どんなこともほどほどに。

快感は過度になることがある。『第四部　定理四三』

お互いに助け合って、
少しずつゆずり合えたら、
みんなが暮らしやすくなる。

困っている人の手助けをする。社会のルールはきちんと守る。小さなことに思えるけれど、実はとても大切。みんながハッピーでいられるように、気配りをしようね。

人々の共同の社会生活のために役だつもの、あるいは人々が心を和して生活するようにさせるものは、有益である。『第四部 定理四〇』

コントロールのきかない
愛情や欲望は
人を傷つけてしまう。

純粋な好意からでも、相手の気持ちを無視した行動は、度を過ぎれば、ただの自分勝手になってしまうよ。自分の気持ちばかり押しつけず、相手の都合を考えてね。

愛と欲望は、過度になることがある。『第四部　定理四四』

どんな理由があっても、
人を憎むことは
「正義」だなんて言えない。

相手のほうが悪かったとしても、それを理由に仕返ししてしまったら、自分の価値を下げてしまうだけ。憎しみに支配されないように心を落ち着けて。

憎しみは、けっして善でありえない。『第四部　定理四五』

憎しみや怒りは、
愛と優しさで包み込む。
そんな人が「強い人」。

誰にでも尊敬されるような人は、「憎しみ」のむなしさや恐ろしさを知っている。たとえ自分のことを憎んでいる相手だとしても、こちらは受け止めて誠意を示す。そんな広い心を持ちたいね。

理性の導きによって生活する人は、できるだけ自分にたいする他人の憎しみや怒り、軽蔑などを、逆に愛によって(略)むくいようと努力する。『第四部 定理四六』

困難なときこそ、
　余計なことを考えずに、
　　できることをすぐに実行しよう。

本当の人格者は、困っている人を見て、あわれんだり、気の毒に思ったりしない。そんな感情を抱くよりも前に、自分ができる最善の策を考えて、すばやく実行するんだ。
理性の導きによって生活している人間には、あわれみはそれ自体で悪であり、また無用である。『第四部　定理五〇』

運よく手にした「勝ち」より努力して手にした「勝ち」のほうが嬉しい。

たまたま運よく成功しても、嬉しいのはそのときだけ。でも、自分で戦略を立て、一生懸命に努力したすえの「成功」はずっと記憶に残るし、満足感も大きくなるよ。

満足は理性から生ずることができる。しかも理性から生ずるこの満足のみが、存在しうる最高のものである。『第四部 定理五二』

自分を大切にするように
他人も大切にしよう。

一緒にいると、なぜかみんなが気分よく過ごせる人っているよね。それはその人がいつも周りに気を配っているから。自分の都合ばかり考えない、周りを思いやれる人には、素敵な仲間が集まってくるよ。

好意は、理性に反するものでなく、むしろそれと一致し、理性から生ずることのできるものである。『第四部　定理五一』

自分で自分の能力に
制限をかけない。
得意なことはアピールしよう。

本当は得意なのに、「少しならできます」と控えめに言う。つつしみ深く見えるけど、見方を変えれば、自分の能力に制限をかけているだけ。謙遜は成長を妨げてしまう恐れもあるんだ。

謙遜(卑下)は徳ではない、あるいは理性から生ずるものではない。『第四部　定理五三』

自信を持って決断すれば
どんな結果になっても
後悔はしないはず。

「あのとき、ああしていれば」と後悔する。ふり返るとよく考えずに決めていたってことはない？ きちんと納得して自分で責任を引き受けたことなら、どんな結果でも受け入れられるよね。

自分のなしたある行為について後悔するものは、二重にあわれ、あるいは無力なものである。『第四部　定理五四』

「自分のことは、
　自分が一番分かっている」
　とはかぎらない。

自信過剰になりすぎたり、反対に弱気になりすぎたり。そんなときは、自分の能力の限界や可能性を見失っているのかも。周りの人から客観的な意見をもらって、自分のことを見つめなおそう。

極度の傲慢、あるいは自卑は自分についての最大の無知である。
『第四部　定理五五』

都合のいい環境にいると「裸の王様」になってしまう。厳しい言葉にも耳を傾けよう。

チヤホヤしてくれる人に囲まれているほうが、楽だし気分がいい。でも、その人たちがキミのことを真剣に考えているとはかぎらないよ。厳しい声のなかにこそ、貴重なアドバイスがあるかも。

傲慢な人間は、たいこもちやへつらう人が身のまわりにいるのを好む。『第四部　定理五七』

正しく「欲張り」になろう。
欲望は夢を叶える
パワーになる。

誰にでも「キレイになりたい」「いい成績をとりたい」など、たくさん欲望がある。そして、その欲望を満たそうと努力している。正しい欲望は、夢や目標に向かって成長しようとするパワーになるんだよ。

理性に源泉をもつ欲望は、過度になりえない。『第四部　定理六一』

いま、目の前にある
小さな出来事が大きな幸せに
つながるかもしれない。

後悔すると分かっているのに、つい仕事や勉強より好きなことを優先してしまう。人は、身近にある誘惑のほうを求めがち。本当に大切なことを選びとっていきたいね。

現在目前にある比較的小さな善よりも、将来のより大きな善を、また未来の比較的大きな悪よりも、現在目前にあるより小さな悪をつとめてもとめる。『第四部　定理六六』

自分の頭で考えて、
善悪の判断が
きちんとできる人になろう。

すべての行動が正しい。そんな完璧な人はなかなかいないよね。それでも、正しい判断をするために、たくさん学び、いろんな経験をしよう。

もし人間が自由なものとして生まれついていたならば、自由であるあいだ、彼らは善や悪について、どのような概念も形成しなかったであろう。『第四部　定理六八』

「どう生きるか」に
集中すれば、
「死」の恐怖から自由になれる。

いまを精いっぱい生きている人は、自分ではどうすることもできない「死」について悩んだりしないんだ。よりよい人生のために「どう生きるのか」だけを考えられたら、「死」の恐怖にもふり回されないよ。

自由な人間は何よりも死について考えることがない。『第四部 定理六七』

本心を抑えて
行動するのはやめよう。
自分の心に誠実になろう。

大きな仕事や目的のために、やむなく意に染まない行動をする。そればかりでは不自然だし窮屈だよね。自分をごまかさずに、「本心」に誠実に行動してみよう。

自由な人間は、けっしてごまかしによって活動せず、常に誠実に行動する。『第四部 定理七二』

固い絆で結ばれた
友だちや仲間に感謝しよう。

普段はお互いに自立して、甘えたり頼ったりしない関係だけど、いざというときは、誰よりも親身になってくれる。損得勘定なしに、お互いを思いやれる友だちはかけがえのないものだよ。

自由な人間だけがたがいにもっとも感謝しあうものである。『第四部　定理七一』

幅広い知識や教養は
人生のあらゆる場面で武器になる。
つねに、学び続けよう。

仕事に役立つ資格や語学だけじゃなく、歴史や文学、音楽や美術など、いろんなことに興味を持って学ぶことが大事。たしかな知識があれば、感情に左右されず、物事を正しく判断できるよ。

人生でもっとも有益なものは、知性あるいは理性をできるだけ完成させることである。『第四部　付録四』

学ぶことの
楽しさに目覚めると、
毎日がもっと豊かになる。

知らなかったことが、少しずつ分かるようになるって楽しい。視野が広がると、もっと新しい世界を知りたいと思うようになるし、自分の成長も実感できて、毎日が充実してくるよ。

知的認識を欠くならば、理性的生活はまったく考えられない。『第四部　付録五』

周りにふり回されず、自分の中心に軸を持とう。

他人の意見に左右されたり、顔色をうかがったり。周りばかり気にしていると、芯のぶれた人間になってしまうよ。自分が正しいと思ったら、迷わず行動する。そういう強い信念を持とう。

人間がその動力因となっているあらゆるものは、必然的に善である。（略）外的な原因からでなければ、どのような禍もふりかかることはありえない。『第四部　付録六』

誘惑を遠ざけて、
役に立つもの、良いものは
積極的に取り入れよう。

食べ過ぎて後悔するなら、誘惑を遠ざける方法を考えてみない？　たとえば、欲しい物を決めておやつを買うのを控えればムダ使いも減って、いいことずくめだよ。

理性的な生活を享受したいという要求の妨げになると判断するものが、（略）確実と思われる方法で、われわれから遠ざけることはけっこうであろう。『第四部　付録八』

憎しみや妬みの感情に
支配されているかぎり、
ずっと平行線のまま。

お互いに憎み合っていては、ずっと分かり合えないまま。状況を変えたいと思うなら、憎しみの感情は隅に置いて、相手に歩み寄ろう。変化は自分から起こすものだよ。

人間が妬みやなんらかの憎しみの感情にかられているとき、そのときにかぎり彼らは、たがいに対立的である。『第四部　付録一〇』

人の気持ちを変えるのは、
相手を愛し、受け入れる心。

高圧的で、ときには暴力を使って、自分の思い通りにしようとする人は怖いだけで、信用されない。でも、いつも誠実で信用できる人なら、たとえ反対意見でも耳を傾けてみようと思うよね。

人の心を征服するものは、けっして武力でなく、愛と寛容である。
『第四部 付録一一』

小さな世界から飛び出して、いろいろな人とつながろう。

自分と似たタイプの人とばかりいないで、違う職業や年齢、国籍の人と積極的に付き合おう。いろいろな考え、価値観を知ることで視野も広がるし、成長できるかも。

もっとも有益なことは、たがいに交際し、自分とあらゆる人々を一体化するためのもっともふさわしい紐帯によって、相互に強く結びつくことである。『第四部　付録一二』

人間関係に正解はない。
誰とでも、ていねいに付き合おう。

ささいな一言で、傷ついたり、傷つけたり。他人との付き合いは難しいよね。でも、仲間がいるからできることがあるんだ。相手にゆずったり、話し合ったり。投げ出さずに、根気強く付き合っていこう。

人間は、ふつう、あらゆるものを自分の本能的欲望に従って調整するのであるが、やはり彼らの共同の社会からは、危害よりも、きわめて多くの利益がもたらされるのである。『第四部　付録一四』

毎日を清々しく過ごすための
三つの心がまえ。

曲がったことをせず、誰にでもわけへだてなく接し、いつも礼儀を忘れない。普通のことに思えるけど、この三つを心がけるだけで、毎日、気分よく過ごせるよ。今日からさっそく始めてみない？

心の和合をもたらすものは、正義と公平と品位に帰せられるものである。『第四部　付録一五』

みんなで力を合わせれば
大きな変化を
起こすことができる。

一人では解決しきれないトラブルが起きた
ときには、たくさんの人の力が必要になる。
普段は対立していても、緊急時には一致団
結すること。それぞれの得意分野で力を出
し合って、難局を乗り切ろう。

だれか困っている人を援助することは、一私的な人間の力や利
害の段階をはるかにこえた問題である。『第四部　付録一七』

表面上の付き合いは
心がすり減るだけ。
一人でいるのも悪くない。

仲間はずれになるのが怖くて、調子よく意見を合わせて、ご機嫌とりを続けていると消耗してしまうよ。無理をするくらいなら、一人の時間を思いきり楽しんだほうが、絶対に自分のためになる。

へつらいは心の和合を生みだすが、それは醜い隷属や背信行為によってである。『第四部　付録二一』

相手の事情を考えない
「正しさ」の押しつけは、
自信のなさの裏返し。

自信が持てない人や心に余裕がない人ほど、正論をふりかざして、相手を追い込もうとする。たとえ正しいことだとしても、相手の事情や考えを無視しては、それはただの自己満足になってしまうよ。

自卑は、正義心や宗教心の偽りの外衣をまとっている。『第四部　付録二二』

憧れの人と仲良くしたいなら、尊敬の気持ちをストレートに伝えよう。

仕事や趣味、日常生活でも、「こんな人になりたい」と思える人と出会ったら、積極的に関わろう。素直な憧れ、尊敬の気持ちを向ければ、きっと相手も心を開いて仲良くしてくれるはず。

従順、いいかえれば人に気にいられようとする欲望が（略）理性によって決定されているときは、忠誠心のもとに総括される。
『第四部　付録二五』

いつも全力を
発揮できるように、
身体の調子を整えよう。

睡眠不足のとき、体調が悪いときは、判断力も鈍ってしまい、本来の力を発揮できなくなる。忙しくても、きちんとした睡眠と栄養補給、適度な運動を忘れずに。体調の管理も重要な仕事だよ。

もっとも有益なものは、身体のすべての部分がそれぞれの機能を正しく遂行しうるように、身体を養い育てることのできるものである。『第四部　付録二七』

お金では幸せは買えない。
お金にふり回されず、
うまく付き合おう。

お買い物は楽しいけれど、浪費していては、お金はいくらあっても足りなくなる。どんどん金銭感覚がマヒする危険もあるよね。本当に欲しいもの、必要なものなのか、一度立ち止まって考えてみよう。

大衆にとってはどんな喜びも貨幣の観念が原因となっており、そのほかにどんな種類の喜びもほとんど想像しえないからである。

『第四部　付録二八』

普段はムダ使いに注意して
必要なときには迷わず使う。
お金と賢く向き合おう。

貯金をしたいなら、具体的な目標や計画を立てよう。目標金額が決まれば、やる気もわいてくる。メリハリのあるお金の使い方をすれば満足感もあるし、節約も苦にはならないよ。

ほんとうに金銭の使い方をこころえているもの、(略)必要に応じて調整できるものは、わずかなものにも満足して生活することができる。『第四部 付録二九』

根拠のない迷信や噂に
まどわされないで。
真実は自分で見極めよう。

根拠のない迷信や噂話を気にして、不安になったり焦ったりするのはやめよう。都合が良すぎる話や理屈に合わないことは、簡単に信じないで、まずは自分で確認することが大事だよ。

迷信は、反対に悲しみをもたらすものを善いものとし、また喜びをもたらすものを、かえって悪と判断するようである。『第四部 付録三一』

モヤモヤした気持ちは
どこからやってくるのかな？

わけもなくイライラしたり、悲しくなったり。その感情の原因が分からないと、ずっと嫌な気分が続いてしまう。自分の気持ちと向き合おう。原因を見極めれば、解消方法が見つかるかもしれないよ。

受動の感情は、われわれがその感情についての明瞭・判明な観念を形成すれば、ただちに受動の感情でなくなる。『第五部　定理三』

怒りや不安、
焦りの原因からは
できるだけ離れること。

苦手なものには、できるだけ近づかない
ほうがいい。これまでの経験をふり返って、
どんなときに心が動揺するのかが分かって
いれば、あらかじめ避けることができる。

もし心の激情あるいは感情を外部の原因の思想から遠ざけ、それ
を他の思想に結びつけるならば、（略）愛や憎しみ、またそのよ
うな感情から生ずる心の動揺は消えてしまうであろう。『第五部　定理二』

マイナスな感情も
受け止めて、
きちんと理解してみよう。

心のなかにはいろいろな感情が駆け巡っている。他人には知られたくない感情でも、まずは否定せずに受け入れよう。その感情に流されず、うまくコントロールする方法を見つけて、心を解放できるといいね。

われわれがなんらかの明瞭・判明な概念を形成することのできないようないかなる身体の変様も存在しない。『第五部　定理四』

現実から目をそむけないで。
結果を受け入れると、
次に進む道が見えてくる。

人生に「もしも」がないように、良いことも悪いこともすべて必然。「こんなはずでは」と動揺して感情的になっていたら一歩も進めない。冷静に結果を受け入れれば、何をすべきかを考えられるようになるよ。

精神は、あらゆるものを必然的なものとして認識するかぎり、感情にたいしてより大きな能力をもっている。『第五部　定理六』

過去の悲しみや苦しみを
克服する力を
みんな持っている。

どんな人にも、辛い過去や思い出を乗り越えたり、忘れたりする力がある。過去に負けそうになるのは弱っているから。元気になれば、力も戻ってくるよ。

理性から生ずる感情、あるいは理性によってひき起こされる感情は、(略) 存在しないものとして観想される個物についての感情よりもより強力である。『第五部　定理七』

たくさんの人を
笑顔にできたら、
もっと大きな喜びになる。

同じことをするなら、自分だけではなく、みんなのためになることをやろう。人に喜んでもらえると思えば、やる気もでるし、やりとげた後の充実感も大きくなるよ。

ある感情をひき起こすために、より多くの原因が同時に作用するならば、その感情はそれだけ大きくなる。『第五部　定理八』

感情が爆発しそうになったら ゆっくり深呼吸してみよう。

ついカッとなって、物に八つ当たりをしたり、暴言を吐きそうになったら、一度、目をつぶって深呼吸してみよう。クールダウンできれば、激しい感情の原因がどこにあるのか落ち着いて考えられるはず。

自分の本性に反対する感情にとりつかれないうちは、身体の変様を、知性の認識に対応した秩序によって秩序づけ連結づける力をもつ。『第五部 定理一〇』

ずっと苦手だったことも
原因をひとつずつ解決すれば、
いつか克服できる。

ずっと苦手にしていること。その頑固な苦手意識を取り除くために、小さな原因のひとつひとつを少しずつ解消していこう。

より多くのそして異なった原因（略）に関係する感情は、ただ一つの原因あるいはより少ない原因に関係する他の同じ大きさの感情よりも害が少ない（略）『第五部　定理九』

大切な人の記憶は
いつまでも残り続ける。
ずっと忘れずにいよう。

「死」は誰にも避けられない。でも、その人がやりとげた仕事の成果や、語った言葉、誰かと過ごした時間や記憶は、忘れられない限り残り続ける。大切な思い出は心にずっと刻んでいよう。

人間精神は、身体とともに完全に破壊されえない。むしろ、そのうちのあるものは永遠なものとして残る。『第五部　定理二三』

健康な身体があれば、
心も元気でいられる。

おいしい料理を味わったり、美しい風景を見たり、日々働いたり。私たちの身体にはいろいろな機能がある。いつまでも自分らしく過ごせるように、身体によいことを取り入れて、ずっと健康でいたいね。

<small>きわめて多くのことにたいして有能な身体をもっている人は、その最大部分が永遠であるところの精神をもつ。『第五部　定理三九』</small>

一度きりの人生。
思いきり"生"を楽しもう。

楽しさや喜び、憎しみや怒り、迷いや悲しみを感じるのは、精いっぱいに生きている証拠。命の長さは誰にも分からない。悔いのないように、実り多い人生にしよう。

精神は、身体が持続していなければ、ものを想像しえないし、また過去のものを想起しえない。『第五部　定理二一』

スピノザ著／工藤喜作、斎藤博訳
『エティカ』(中公クラシックス)から訳文を転載しました。

ブックデザイン　福間優子

原稿協力　日吉久代

シナモロールの『エチカ』
感情に支配されないヒント

2015年12月30日　第 1 刷発行
2024年 6 月30日　第12刷発行

編　　者	朝日文庫編集部
発行者	宇都宮健太朗
発行所	朝日新聞出版

　　　　〒104-8011　東京都中央区築地 5-3-2
　　　　電話　03-5541-8832(編集)　03-5540-7793(販売)

印刷製本　大日本印刷株式会社

© 2015 Asahi Shimbun Publications Inc.
© 2024 SANRIO CO., LTD.TOKYO,JAPAN Ⓗ
キャラクター著作　株式会社 サンリオ
Published in Japan by Asahi Shimbun Publications Inc.
ISBN978-4-02-264800-6
＊定価はカバーに表示してあります
落丁・乱丁の場合は弊社業務部(電話03-5540-7800)へご連絡ください。
送料弊社負担にてお取り替えいたします。